Rudolf Westerheide

Geschichte oder Glaubensgut

Zur Überlieferung und Zuverlässigkeit
der Evangelien

FRANCKE

Verlag der Francke-Buchhandlung GmbH

Die Deutsche Bibliothek – CIP-Einheitsaufnahme

Westerheide, Rudolf:
Geschichte oder Glaubensgut : zur Überlieferung und
Zuverlässigkeit der Evangelien / Rudolf Westerheide. –
Marburg an der Lahn : Francke, 1992
(TELOS-Bücher ; Nr. 687 : TELOS-Taschenbücher)
ISBN 3-88224-897-1
NE: GT

© 1992 by Verlag der Francke-Buchhandlung GmbH
3550 Marburg an der Lahn
Umschlaggestaltung: Reproservice Jung, Wetzlar
Satz: Druckerei Schröder, 3552 Wetter/Hessen
Druck: St.-Johannis-Druckerei, Lahr-Dinglingen 28123/1992

TELOS-Taschenbuch Nr. 687

Inhaltsverzeichnis

Einleitung

Der mündige Christ als Evangelienforscher

Was noch vor wenigen Jahrzehnten als Privileg eines elitären Zirkels von akademischen Theologen erschien, ist bis heute an die Basis der Gemeinde vorgedrungen: der Zweifel an der Glaubwürdigkeit der biblischen Berichte vom Wirken Jesu. Damit befindet sich die Gemeinde, soweit sie im Einflußbereich der modernen Theologie steht, heute in der schwierigen Situation, daß sie ihres eigenen Fundamentes vielfach nicht mehr gewiß ist. Für den Glaubenden ist nicht mehr allein die Frage vorrangig, ob er sich dem Anspruch und dem Zuspruch des Wortes Gottes immer neu stellen will und kann. Vielmehr wird er immer wieder mit der grundsätzlichen Frage konfrontiert, ob die Evangelien, so wie sie uns heute vorliegen, überhaupt ein zuverlässiges Zeugnis für die Selbstoffenbarung Gottes in Jesus sind.

Diese Ungewißheit ist für viele Christen eine Not geworden. Die Zweifel an der Zuverlässigkeit der biblischen Überlieferung nähren sich aus dem Anspruch der kritischen Theologie, daß sie sich mit ihrer Kritik auf wissenschaftlich erwiesene Fakten gründe. Da die Wissenschaft für unsere Gesellschaft die höchste Autorität geworden ist und damit sogar religiöse Bedeutung gewonnen hat[1], wagen es viele Christen nicht, gegen eine als wissenschaftlich deklarierte kritische Haltung zur Bibel, an deren

Glaubwürdigkeit festzuhalten. Wenn sie es dennoch tun, geschieht das meistens in einem Gefühl der Unterlegenheit gegenüber den Vertretern der sogen. wissenschaftlichen Theologie. So bleibt dann oft nur Trotz oder Resignation.

Die Erforschung biblischer Zusammenhänge und der Weise, in der sich Gott durch die Schrift offenbart, ist aber nicht das Privileg einer speziellen Wissenschaft. Intensive Bibelforschung ist der ganzen Gemeinde Jesu aufgetragen, und sie ist dazu durchaus in der Lage. Das „normale" Gemeindeglied ist keinesfalls zu einfältig, den Anspruch der Bibel und die Gründe für oder gegen das völlige Vertrauen auf die Zuverlässigkeit der Überlieferung vom Wirken des Herrn Jesus zu verstehen. Als mündigen Gemeindegliedern obliegt uns nach reformatorischem Verständnis die Pflicht, über die rechte Lehre zu wachen. Das können wir aber nur, wenn wir die biblische Forschung nicht einigen Spezialisten überlassen, sondern selbst mehr und mehr zu Kennern der Schrift werden.[2] So ist diese Abhandlung keineswegs als Kampfansage gegen irgendeine theologische Richtung gedacht, sondern als Ermutigung und Hilfestellung für ein intensives Bibelstudium des Einzelnen und der Gemeinde. Sie ist so gehalten, daß Laien und Theologen gleichermaßen zu einem biblisch begründeten und historisch genauen Verständnis der Zuverlässigkeit der Evangelienüberlieferung kommen können. Der Verzicht auf eine spezielle theologische Sprache muß keineswegs mit einer Einbuße an Genauigkeit einhergehen. Andererseits kann es nicht schaden, wenn der forschende Laie einige Einblicke in die gegenwärtige theologische Forschung erhält. Wie soll er sonst verstehen und überwinden, was ihm in Büchern, im Religionsunterricht oder auch in der kirchlichen Verkündigung möglicherweise an kritischer Bibellehre begegnet?

Die anstehende Frage ist eine doppelte. Einerseits geht es um die Genauigkeit, mit der die Evangelien über die damaligen Taten und Reden Jesu berichten. Andererseits bleibt zu untersuchen, ob die kritische Theologie recht hat mit der Behauptung, die Evangelien selbst wollten garnicht im Sinne des sensus literalis[3] wörtlich genommen werden. Es sei garnicht ihr Anliegen, wirkliche Geschehnisse zu berichten, es gehe ihnen nur um den hinter den Geschichten stehenden Glauben.

Kaum jemand behauptet ernsthaft, die Evangelien seien ausschließlich Überlieferungen frei formulierter Glaubenszeugnisse ohne jegliche Rückbindung an in Zeit und Raum sichtbar gewordene Personen und Ereignisse. Dennoch besteht im Rahmen der in Deutschland vorherrschenden kritischen akademischen Theologie weitestgehend unhinterfragte Einigkeit darüber, daß es nicht Anliegen der Evangelien sei, über das historische Reden und Handeln Jesu zu berichten. Man geht davon aus, daß wir Sammlungen von verschiedenen Glaubenszeugnissen vor uns haben, die aus einer Bewegung hervorgegangen sind, welche in einem nicht näher zu bezeichnenden historischen Jesus ihren Ursprung haben. Vor diesem Hintergrund muß dann zwangsläufig versucht werden, die vorliegenden Berichte formal und inhaltlich zu kategorisieren (Mythos, Wundererzählung, Fabel usw.).

In dieser Frage kommt ganz beispielhaft ein Phänomen zum Tragen, das sich kaum eine Wissenschaft so leistet wie es die Theologie tut: Das Phänomen einer traditionsmäßigen Wahrheitsfindung: Die meisten Erkenntnisse, die bzgl. der Entstehung der Evangelien verbreitet werden, können ja keinesfalls eindeutig verifiziert werden, da sie einen speziellen Erkenntnisrahmen und eine Fülle von hypothetischen Vorgaben voraussetzen. Da diese so gewonnenen Erkenntnisse aber ein bestehendes Erklärungsbedürfnis befriedigen, wird ihre Infragestellung als unbequem und lästig empfunden. Man läßt sich nicht darauf ein. Und so gewinnen solche Thesen Eingang in den Kreislauf der gängigen Argumentation. Sie werden ihrerseits wieder Grundlagen für ganz neue Gedankengebäude und werden auf diese Weise unverzichtbar.[4] Ohne daß man weiter Rechenschaft darüber ablegen müßte, wird der rein kerygmatische[5] Charakter der Evangelienüberlieferung vorausgesetzt. Allein die Allgemeinakzeptanz dieser These kann aber auf Dauer nicht die Frage nach ihrer Richtigkeit niederhalten.

Es ist daher unsere Pflicht, den Problemkreis ‚Historie oder Kerygma?' neu zu bedenken. Das geschieht nicht aus Freude am Problem und schon garnicht aus Streitsucht, sondern um umso ernsthafter nach der richtigen Antwort zu suchen. Denn hier steht mehr als eine Detailfrage auf dem Spiel. Man kann sich nicht damit herausreden, ob historisch oder nicht sei doch egal, es gehe doch letztlich um die Aussage der Texte für heute. Auch kann diese Frage nicht mit dem Verdacht erstickt werden, der Fragende wolle aus der Bibel ein Geschichtsbuch machen und das entspreche ja wohl nicht ihrem Selbstverständnis.

Letzteres wird kein ernsthafter Theologe behaupten. Dennoch ist die Frage, ob historisch oder nicht, sehr wohl relevant, da von ihr zwei elementare Fragenkreise abhängen: erstens die Frage nach der Glaubwürdigkeit der Schrift insgesamt und zweitens die Frage nach der Art und Weise der göttlichen Offenbarung: wurde Gott Fleisch, wie es die Schrift sagt, oder wurde Gott Kerygma? Weil nun unser Thema bleibend relevant ist, sollen hier Denkanstöße dazu gegeben werden, die hoffentlich für die Weiterarbeit hilfreich sind. Wie es evangelischer Christen und Theologen würdig ist, müssen wir die Antwort zunächst in der Schrift selber suchen und nicht in einem vorgefertigten Denkschema.

Anmerkungen

1 „Der Glaube an die Wissenschaft spielt die Rolle der herrschenden Religion unserer Zeit." Weizsäcker S.3

2 Mit diesem Hinweis auf das allgemeine Priestertum aller Glaubenden ist nicht das Recht spezieller theologischer Forschung bestritten. Im Gegenteil: Das Neue Testament fordert für die Gemeinde notwendig das Amt des Lehrers und des Evangelisten. Das schließt die Möglichkeit ein, sich ‚vom Evangelium zu nähren', also vollzeitlich im Dienst der Erforschung und Verkündigung der Schrift zu stehen. Die Kirchengeschichte zeigt immer wieder, wie wichtig es ist, daß die Gemeinde gründlich im Wort unterwiesen wird. Nur darf sich die theologische Forschung, welcher Richtung auch immer, nicht verselbstständigen und von der Schrift loslösen. Dazu bedarf sie der ständigen Korrektur durch die lebendige Gemeinde Jesu.

3 Der sensus literalis meint den wörtlichen Schriftsinn. Dieser zielt auf das Verständnis dessen, was in Zeit und Raum geschehen ist.

4 Es gibt Argumentationen, die ihre Autorität nicht aus ihrer Schlüssigkeit in sich sondern daraus beziehen, daß sie einmal gedruckt und dann immer wieder abgedruckt wurden. Diesem Verfahren kommt wohl besonders unsere deutsche Mentalität entgegen, die einen fast magischen Respekt vor allem hat, was schwarz auf weiß zu lesen ist. Wie beschrieben verhält es sich mit vielen der gängigen Thesen zur Überlieferung der Evangelien.

5 Der Begriff Kerygma ist im hier gebrauchten Sinne besonders durch die Theologie R.Bultmanns bekannt geworden. K. bezeichnet die „eigentliche" Botschaft eines Textes, die nicht notwendigerweise mit seinem Wortlaut identisch ist. In der historisch-kritischen Auslegung der Evangelien geht man davon aus, daß die meisten der Berichte über Jesus von frühen Glaubenden verfaßt wurden, die versuchten, ihre Glaubenserfahrungen in Form von scheinbar tatsächlich geschehenen Ereignissen oder tatsächlich von Jesus gesprochenen Worten auszusagen. Die Einstufung eines Textes als kerygmatisch macht es daher notwendig, das berichtete Ereignis nicht als tatsächlich geschehen vorauszusetzen, sondern den hinter den Worten verborgenen tieferen Sinn zu suchen. So bedeutet dann die Aussage: „Jesus ist auferstanden" nicht: Er ist leiblich dem Grab entstiegen, sondern: die Sache Jesu ist in unserem Denken weiter lebendig.

I.

Historie oder Kerygma —
Geschichte oder Glaubensgut?

Der Weg führt uns zunächst zum Lukas-Prolog (Lk. 1,1-4):

> „Da es nun einmal viele in Angriff genommen haben, die Berichte über die Geschehnisse, die sich unter uns vollzogen haben, der Reihe nach wiederzugeben, so wie es uns diejenigen überliefert haben, die von Anfang an Augenzeugen und Diener des Wortes waren, erscheint es auch mir (gut/sinnvoll), nachdem ich allem von Anfang an mit Sorgfalt nachgegangen bin, es Dir der Reihe nach aufzuschreiben hochgeehrter Theophilus, damit Du vollständig die Sicherheit der Worte erkennen mögest, die Du gelehrt worden bist."

Die Zeugen, auf die der Schreiber des LK[1] bei seiner Zusammenstellung der Jesustradition zurückgreift, sind Augenzeugen und Diener des Wortes. Mit dem Diener (hyperätäs), ist, im Unterschied zum Sklaven (doúlos), jemand beschrieben, der als autorisierter Zeuge im Namen seines Herrn handelt.[2] Es handelt sich also in der Tat um jemanden, der nicht einmal bemüht ist, die Geschehnisse, über die er berichtet, völlig unvoreingenommen und aus der Distanz zu betrachten. Im Gegenteil: Es handelt sich um Glaubende, um Leute also, die in einer intimen Beziehung zu dem standen, von dem sie berichteten.

Entsprechend ist die Auswahl der überlieferten Stoffe. Der Nichtglaubende ist an völlig anderen Details des Lebens und Wirkens Jesu interessiert wie der Glaubende. Was den „normalen" Menschen an der Person Jesu interessiert, wird bis in heutige Kinoproduktionen hinein deutlich: ob Maria Magdalena ihm verliebt zugezwinkert hat, ob Jesus wohl dafür empfänglich war, wieviel sein in einem Stück gewebtes Gewand wohl gekostet, wer es ihm geschenkt hat usw. Es wäre also unsinnig gewesen, wenn der Verfasser des LK irgendwelche Personen befragt hätte, die zwar Augenzeugen aber nicht Diener des Wortes gewesen sind. Er hätte dann sicher eine Fülle von Skandalgeschichten und Mutmaßungen über Jesus herausgebracht, nicht aber die im geistlichen Sinne entscheidenden Stationen seines Wirkens. Insofern muß man eindeutig sagen, daß die Evangelien keinen neutralen Bericht vom Wirken Jesu geben.

Nun wäre es aber ebenso voreilig wie töricht daraus zu schließen, die Berichte müßten deswegen auch ungenau sein, und man habe es mit den Fakten nicht so genau genommen. Es ist keineswegs gesagt, daß die Autoren über die Auswahl der Stoffe hinaus auf die Überlieferung irgendeinen Einfluß genommen hätten. Man kann sehr wohl die Überlieferung sondieren und dabei in der Wiedergabe der ausgewählten Traditionsstücke sehr exakt sein. Und darum geht es ja bei der Alternative Historie oder Kerygma. Es geht ja nicht um das, was nicht überliefert ist, sondern um das, was überliefert ist. Es geht darum, ob die uns vorliegende Tradition bezüglich der Dinge, über die sie spricht, zuverlässig redet, oder ob die Texte dem Wortsinn nach unzutreffend sind.

Anmerkungen

1 MT = Matthäusevangelium; MK = Markusevangelium; LK = Lukas-
  evangelium; JOH = Johannesevangelium
2 vergl. den Sprachgebrauch in Apg. 26,16; 1. Kor. 4,1; 2. Kor. 3,6)

II.

Der Anspruch der Evangelien auf historische Zuverlässigkeit

Was nun die Zuverlässigkeit der nach den benannten Kriterien sondierten Berichte angeht, macht LK sehr genaue Angaben. Der Verfasser stellt im Prolog ganz eindeutig fest, daß es ihm nicht zunächst um die sittliche oder politische Relevanz des Evangeliums geht (die natürlich nicht zu leugnen ist), sondern um die Sicherheit (asfáleia), die Zuverlässigkeit der Botschaft, die dem Empfänger verkündigt worden war. Um nun nachzuweisen, daß es sich um gesicherte, also um unüberwindlich fest gegründete Tatsachen handelt, wählt der Autor folgendes Verfahren: er will die in den Gemeinden in Geltung stehende Jesusüberlieferung mit Sorgfalt recherchieren und das Ergebnis seiner Arbeit geordnet aufschreiben. So will er die bekannte Jesustradition mit Fakten fundieren, damit ihr Hören zur Voraussetzung des Glaubens werden kann.[1]

Sein Werk soll die ihm vorliegenden Evangelienniederschriften nicht ersetzen. Aus diesen, wie aus mündlichen Quellen, sollen aber die Stücke ausgewählt und zusammengestellt werden, die für seinen Adressatenkreis wichtig sind. Damit ist ein zusätzlicher Gebrauch der von ihm selektiv benutzten schriftlichen Quellen in ihrer Gesamtheit, etwa des MT und des MK, nicht ausgeschlossen, sondern, wie noch zu zeigen sein wird, eher vorausgesetzt. Eine neue geschlossene Zusammenstellung der Jesustradition wird aber nötig, weil es noch keine solche gibt, die alle die historischen Fakten beinhaltet, die seinen Adressaten noch unbekannt, für sie aber Voraussetzung für einen gefestigten Glauben sind.[2]

Ziel des ganzen Unternehmens ist eindeutig die Vermittlung von Glauben! Aber dieser soll eben nicht frei schwebend sondern ein fundierter Glaube sein. Zu diesem Zweck will der Autor Schritt für Schritt Hintergründe und Fakten der Jesustradition erforschen. Er verspricht, die verfügbaren Quellen vollständig und unter Verzicht auf Hinzufügungen zu bearbeiten (V.4).

Lukas geht also davon aus, daß nicht der Glaube Fundament des Glaubens ist sondern die tatsächlichen Geschehnisse. Die Geschehnisse sind in sich so bedeutsam, daß ihre glaubenschaffende Wirkung durch nichts anderes hervorgerufen werden könnte, als eben durch ihre Bezeugung. Dieser Einsicht wird der Autor gerecht, indem er, beginnend mit der sogen. „Lukanischen Vorgeschichte" (Lk. 1-2), sachlich und fundiert die Ereignisse von Anfang an auflistet. Bezeichnenderweise geht Lukas selbst davon aus, daß der Stoff, den auch MK und MT haben, seinen Anforderungen genügt, weswegen er ihn, weitgehend nur verändert durch die andere Sprache, in der er schreibt, aufnimmt. Diese Tatsache macht den Lukasprolog für die Beurteilung auch der anderen Evangelien relevant, weswegen er uns als geeigneter Einstieg in unsere Überlegungen dient.

Sind die Evangelien also nur Historie und nicht Kerygma? Die Evangelien beanspruchen niemals ein neutraler Bericht zu sein. Das wäre auch unmöglich, da Jesu Verkündigung es notwendig machte, sich für oder gegen ihn zu entscheiden.[3] Das NT schreibt daher klar aus der Sicht derer, die Jesu Anspruch akzeptierten. Dabei werden allerdings die Reaktionen derjenigen Zeitgenossen Jesu, die sich gegen seine Autorität stellten, keineswegs verheimlicht. Gerade das Ziel Glauben zu wecken, macht die exakte Wiedergabe der Historie notwendig. Nur daran konnte man später die eigene Glaubensentscheidung verifizieren.

Lukas nimmt für sich und die anderen ihm vorgegebenen Evangelienüberlieferungen in Anspruch, einen historisch exakten Bericht zu verfassen. Wie sehr er bemüht ist, diesem Anspruch gerecht zu werden, zeigt er auch durch die genaue Datierung der von ihm berichteten Ereignisse: „Im fünfzehnten Jahr der Herrschaft des Kaisers Tiberius, als Pontius Pilatus Statthalter in Judäa war und Herodes Landesfürst in Galiläa und sein Bruder Philippus Landesfürst von Ituräa und der Landschaft Trachonitis und Lysanias Landesfürst von Abilene, und als Hannas und Kajaphas Hohepriester waren." (Lk 3,1f) Genauer ist es nicht zu machen. Unmöglich zu behaupten, den Evangelisten sei nicht an überprüfbaren historischen Fakten gelegen gewesen.[4] Nun bleibt nur die Alternative, diesen Anspruch zu akzeptieren, oder den Verfassern zu unterstellen, daß sie in betrügerischer Absicht gefälschte Berichte zusammengestellt haben. Das allerdings ist undenkbar. Es läge einem christlichen Autor erstens fern und wäre zweitens angesichts anderer, „konkurrierender" Tradenten viel zu riskant gewesen. Außerdem sind die Berichte in der vorliegenden Form denkbar ungeeignet, erfundene Geschichten als historische Ereignisse darzustellen.

Einer der hauptsächlichen Angriffspunkte auf die Historizität der Evangelien sind seit jeher die Berichte von der Auferstehung Jesu. Nicht ohne Grund, schließlich sind diese ja eine Provokation für den aufgeklärten Menschen, für den nur das wissenschaftlich Beweisbare als historisch gelten kann. Bemerkenswerterweise stützen sich die Auferstehungsberichte aber im Wesentlichen auf Zeugen, die dem damaligen Hörer und Leser keinesfalls für besondere

Glaubwürdigkeit bürgten: auf das Zeugnis von Frauen. In neutestamentlicher Zeit galt im Judentum nur das Zeugnis eines Mannes, besser noch zweier Männer als Beweis für ein berichtetes Ereignis. Wäre es also Anliegen der Autoren gewesen, eine erfundene Geschichte als tatsächliches Geschehnis auszugeben, wären sie wohl klug genug gewesen, die Berichte vom leeren Grab männlichen Zeugen in den Mund zu legen. Daß das gerade nicht geschah beweist, daß sich die Verfasser unbedingt an die exakte Wiedergabe dessen gebunden wußten, was tatsächlich geschehen war. Sie widerstanden der Versuchung, ihren Darlegungen durch kleine Änderungen mehr Glaubwürdigkeit zu verleihen.

Anmerkungen

[1] Das ist ja nicht nur für den Suchenden nötig, sondern immer neu auch für den Glaubenden. Immer neu stellt sich ja die Frage, ob der existenzielle Anspruch Jesu auf die ganze Person berechtigt und ob diese Berechtigung verifizierbar ist.

[2] siehe dazu unter VIII

[3] vergl. dazu unbedingt Mt. 12,23 ff; Lk. 12,51 ff

[4] Wie wichtig es der Kirche zu allen Zeiten war, daß unser Glaube unlöslich mit dem historisch exakt festzumachenden Wirken Jesu verbunden ist, wird auch daran deutlich, daß diese Datierung auf die Regierungszeit des Pontius Pilatus sogar im Glaubensbekenntnis festgehalten ist.

III.

Die Faktenorientiertheit der Evangelien

Am zentralen Thema des Todes Jesu, der Passion, wird deutlich, daß es den Evangelisten nur um wahrheitsgetreue Wiedergabe, nicht um kerygmatische Ausdeutung der Fakten ging. Dieses Geschehen wird erst später in den Briefen kerygmatisch interpretiert, die Evangelientradition wird auch in diesem Punkt ausgelegt, sie wird zum Gegenstand der Predigt[1]. Das ist aber nicht Aufgabe der Evangelien. Sie verzichten bewußt darauf.[2]

Die Faktenorientiertheit der Evangelienberichte läßt sich besonders schön an MK zeigen. Auffällig sind dort die knappen Überleitungen von einer Perikope zur anderen („nach jenen Tagen ...", „an jenem Tag ...", „als es Abend geworden war" usw.). Das widerspricht jeder Geflogenheit volkstümlicher Erzählung, Begleitumstände auszumalen, Motivationen zu benennen und den „Helden" in ein günstiges Licht zu setzen. MK beschränkt sich darauf, die tradierten Sachverhalte selbst darzustellen und sie für sich sprechen zu lassen.[3]

Durch kurze Hinweise wird deutlich, daß MK nur eine Auswahl aus der ihm bekannten Tradition wiedergibt. Teilweise gibt er Sammelberichte über die Ereignisse eines längeren Zeitraums, teilweise wird eine Wirkungsphase nur angedeutet. Diese Informationen gibt MK also nur um der historischen Vollständigkeit Willen, ohne die Gelegen-

heit zu nutzen, hieran theologische Ausführungen anzu-
schließen. Gerade das wäre aber zu erwarten, wenn die
Evangelisten mehr wollten, als die für den Glauben notwendigen Fakten zu überliefern. Dazu schreibt der Historiker Wolfgang Schadewaldt, indem er sich deutlich gegen
die unter Theologen übliche Darstellung abgrenzt, in der
den Evangelien die historische Genauigkeit abgesprochen
wird: „Wie man ... behaupten kann, daß diejenigen, aus
denen die drei synoptischen Evangelien[4] hervorgegangen
sind, kein Interesse gehabt hätten am Konkreten, Realen,
Historischen an und um Jesus, ist mir vollkommen uner-
findlich. Sehen Sie sich andere Offenbarungsbücher an,
von denen es im weiten Bereich der Religionsgeschichte
nicht wenige gibt. Die Evangelien sind vollständig einzig-
artig, soweit ich alles dies erkenne. Wodurch? Dadurch,
daß sie diese unerhörte konkrete Weltfülle uns vor Augen
führen, daß da nicht von Wundermännern geredet wird,
von wundersamen Geschichten und ähnlichem. Natürlich
gibt es das in den Evangelien auch; das gehört gerade zu
ihrer Weltfülle. Jesus hat Wundertaten getan, aber eben
nicht so wie andere Wundermänner."[5]

Allerorts wird im NT deutlich, daß sich die Autoren
vollständig einer exakten Wiedergabe der Historie ver-
pflichtet wissen. So z.B. auch an den Berichten über die
Apostel selbst. Aufgrund ihrer einzigartigen Stellung und
ihrer Funktion als Bindeglieder zwischen Jesus und der
Christenheit standen die Apostel in der Urkirche in höch-
stem Ansehen. „Die Zwölf" waren Säulen der Gemeinden
(Gal. 1,9), in entscheidenden Fragen hatten sie zu entscheiden (Apg. 15). Aber dieses hohe Ansehen schlägt sich nicht
auf die Art und Weise nieder, in der man über sie und ihr
Verhalten im Zusammenhang mit Jesu Wirksamkeit
berichtet. Wenn die Evangelien historisierende Nieder-
schriften des urchristlichen Glaubenslebens wären, müßten die Zwölf stets voller Hochachtung, fast als Heilige
geschildert werden. Aber im Gegenteil: Sie werden mit

allen Schwächen, Versagen, Unwissenheit und Unreife gleichsam vorgeführt: Sie verstehen die Worte Jesu nicht und streiten sich um Ehrenplätze im Himmel. Petrus, mit dem sich schon früh überhöhte Vorstellungen als Grund der Gemeinde verbanden, wird in seinem ganzen unbeherrschten „Pupertieren" vorgeführt (vgl. Mt 26,69-75 u.a.m.). Selbst wo es schmerzlich ist, bewahrt die Urkirche getreu die Tradition ohne Beschönigung und Korrektur.

Vielerorts ist die Einsicht der Autoren der Evangelien, daß sich der Glaube am vergangenen, historischen Handeln Gottes festmacht, geradezu mit Händen zu greifen. Hier nur einige Beispiele:

Joh. 2,22: „Als er nun auferstanden war von den Toten, dachten seine Jünger daran, daß er dies gesagt hatte *(daß er nämlich den Tempel in drei Tagen wieder erbauen werde)* und glaubten … dem Wort, das Jesus gesagt hatte." Das betreffende Ereignis und die Möglichkeit es zu deuten, fallen in verschiedene Zeiten. Ausdrücklich wird die Zeit des Geschehens als Zeit qualifiziert, in welcher der Glaube, den es auslösen sollte, noch unmöglich war.

Joh. 7,39: „Wer an mich glaubt … von dessen Leib werden Ströme des lebendigen Wassers fließen. Das sagte er aber von dem Geist, den die empfangen sollten, die an ihn glaubten; denn der Geist war noch nicht da, denn Jesus war noch nicht verklärt." Die Worte Jesu werden original wiedergegeben und aus der vorösterlichen bzw. vorpfingstlichen Situation heraus erklärt. Auch hier wird die klare Distanz zur Gegenwart deutlich. Es gibt keine Vermengung der Überlieferung mit späteren Glaubenserfahrungen und Deutungen.

Joh. 12,16, im Anschluß an den Bericht von Jesu Einzug in Jerusalem: „Das verstanden seine Jünger zuerst nicht; doch als Jesus verherrlicht war, da dachten sie daran, daß dies von ihm geschrieben stand und man das mit ihm getan hatte." Ganz deutlich ist die Distanz von damaligem

Geschehen zur jetzigen Glaubenserfahrung. Das damalige Ereignis wird nicht in einem Atemzug geistlich vereinnahmt, sondern zunächst in seinem historischen Kontext belassen und aus den ursprünglichen Bezügen heraus erklärt. Deutlich werden dann die späteren Ereignisse genannt, die eine adäquate Deutung des ursprünglich dunklen Geschehens ermöglichen.

Joh. 16,12f: „Ich habe euch noch viel zu sagen, doch ihr könnt es jetzt nicht ertragen. Wenn aber ... der Geist der Wahrheit kommen wird, der wird euch in alle Wahrheit leiten ..." Auch hieran wird deutlich, daß die Evangelisten originale Jesusworte überliefern, die aus Jesu Sicht die Distanz zur nachpfingstlichen Gemeinde deutlich machen. Die Evangelien trennen deutlich zwischen dem historischen Geschehen und dem, was daraus für die Situation der späteren Gemeinde geistlich folgert.

Alle diese Belege zeigen: Die Gemeinde weiß, daß sie heute auf Basis dessen glaubt, was gestern geschehen ist. Als Belege sind hier bewußt viele Stellen aus JOH aufgeführt, um zu zeigen, daß selbst derjenige Evangelist eine Distanz zur Historie wahrt, der ja sehr daran interessiert ist, im Bericht über den historischen Jesus stets seine Göttlichkeit und Herrlichkeit herauszustellen.

Exkurs: Der Umgang mit der Jesustradition in der Urchristenheit

Das NT zeugt vielfach von diesem historisch exakten Umgang der Apostel mit der Jesustradition bzw. von der Forderung danach. Auch von daher läßt sich die ebenso exakte Wiedergabe der apostolischen Jesustradition in den Evangelien ableiten. Hier einige Belege:

1. Kor. 11,23: „Denn ich habe vom Herrn emp-

fangen, was ich euch weitergebe: Der Herr Jesus, in der Nacht da er . . ." Paulus gibt hier die autoritative Jesustradition weiter, so wie er sie empfangen hat und erwartet von der Gemeinde, daß man sie unverändert bewahrt, was ja auch geschehen ist.

1. Kor. 11,2: „Ich lobe euch, weil ihr . . . an den Überlieferungen festhaltet, wie ich sie euch gegeben habe." Die Überlieferung (parádosis[6]) wird bewahrt, so wie sie von Paulus überliefert wurde (paradidomi). Das lobt Paulus, weil es Erweis der Treue zum Evangelium ist.

2. Thess. 2,15: „. . . bleibt beständig in der Lehre, in der ihr durch uns unterwiesen worden seid . . ." Die parádosis, der feststehende Corpus jesuanischer Lehre, muß in der Form, in der sie von den Aposteln übermittelt wurde, festgehalten werden.

2. Thess. 3,6: „Wir gebieten euch, . . . daß ihr euch von jedem Bruder zurückzieht, der . . . nicht nach der Lehre lebt, die ihr von uns empfangen habt." Die parádosis ist so verbindlich, daß ihre Nichtbeachtung den Ausschluß aus der Gemeinde zur Folge hat. Daraus folgt, daß eine jedermann bekannte, klar festgeschriebene Jesustradition dagewesen sein muß.

1. Kor. 15,1-3: „Ich erinnere euch aber, liebe Brüder, an das Evangelium, das ich euch verkündigt habe, das ihr auch angenommen habt, in dem ihr auch fest steht, durch das ihr auch selig werdet, *wenn ihr es bewahrt in der Gestalt, in der ich es euch verkündigt habe*, . . . denn ich habe euch weitergegeben, was ich auch empfangen habe: . . ." Paulus skizziert (in den folgenden Versen) den Kern der Jesustradition und setzt dabei deren Kenntnis in der Gemeinde voraus. Er muß also

nur an Bekanntes erinnern. Diese Tradition hat er empfangen und hat sie so unverändert weitergegeben, wie er es auch von der Gemeinde fordert. Er geht also davon aus, daß das, was er überlieferte, nicht nur so gehört, sondern bewahrt und unverändert behalten wurde (Vers 2). Das zu tun ist nicht eine Frömmigkeitsübung für besonders Eifrige, sondern für die ganze Gemeinde unabdingbare Voraussetzung für die Seligkeit. Am sorgfältigen Bewahren der parádosis entscheidet sich also alles, der ganze Glaube, der Bestand der Gemeinde.

Wenn der „nachösterliche Glaubens-Jesus" Zentrum der urchristlichen Verkündigung gewesen wäre, hätte es nahe gelegen, seine Göttlichkeit besonders an seiner Himmelfahrt als einem der Punkte festzumachen, an dem sie besonders augenfällig wurde. Eher als die Erzählungen vom irdischen Jesus müßten wohl die Erzählungen von seiner Himmelfahrt im Mittelpunkt stehen und entsprechend leuchtend geschildert sein. Dagegen der Befund: MT und JOH sprechen gar nicht davon, MK (16,19) und LK (24,51) verwenden jeweils gerade einen Vers darauf. Die Berichte sind von erstaunlicher Nüchternheit, unsentimental und kein bißchen „volkstümlich", wie es doch den Evangelien zugesprochen wird. Das ist ein Kennzeichen einer historischen Überlieferung, die sich an den Fakten orientiert. Anders ist es gerade bei kerygmatisch motivierten Texten, etwa beim Petrusevangelium, das phantasievoll ausmalend beschreibt. Hier öffnet sich bereits der Vorhang zum Geheimnis der Kanonbildung. Als Kanon[7] kristallisiert sich gerade nicht die bunt schillernde Kerygmaliteratur heraus, sondern die nüchtern-historische Überlieferung. Innerhalb des Kanons finden wir eine klare Trennung von überlieferten Fakten in den Evangelien und der kerygmatischen Verarbeitung dieses nüchternen Berichtes in den nt-lichen Briefen.

Zur Faktenorientiertheit der apostolischen Lehre ist besonders auch Apg. 1,21f zu beachten, wo es um die Wahl des zwölften Jüngers als Ersatz für Judas Ischariot geht: „Es muß nun einer der Männer, die die ganze Zeit mit uns zusammen waren, als der Herr Jesus unter uns ein- und ausging, angefangen von der Taufe durch Johannes bis zu dem Tag, an dem er in die Höhe aufgenommen wurde, mit uns Zeuge seiner Auferstehung werden."

Gesucht wird ein Apostel. Gesucht wird ein autoritativer Zeuge der Auferstehung, und das heißt des Auferstandenen. Für die Jünger ist absolut klar, daß die Kenntnis der Taten und Worte Jesu Voraussetzung zum apostolischen Verkündigungsdienst ist. Nicht die Fähigkeit zur Auslegung, zur Predigt, zum Aufstellen neuer Lehren ist gefordert, sondern die authentische Zeugenschaft und zwar vollständig von Anfang bis Ende ohne Unterbrechung. Die autoritative nachösterliche Verkündigung ist fest an die Kenntnis des historischen Jesus gebunden. Es geht also nicht darum, von einer Ostererfahrung her historisierend von Jesus zu reden. Im Gegenteil: Vom geschichtlichen Jesus aus, von seinen Worten und Taten in Raum und Zeit aus muß die Osterbotschaft gesagt werden. Die nachösterliche Verkündigung muß auf Basis der Kenntnis des vorösterlichen Jesus geschehen. Von daher ist es undenkbar, daß irgendwelche Gläubige in der Urkirche irgendwo neue Jesustraditionen hervorzaubern und damit rechnen konnten, daß man ihnen Glauben schenken würde. Im Gegenteil: Wer autorisiert das Osterkerygma verkündigen wollte, mußte gerade bezüglich des historischen Jesus „sattelfest" sein.

Die Tradition vom Handeln und Reden Jesu wurde nie in Form einer Predigt oder einer erbaulichen Erzählung weitergegeben. Gerade das Bedürfnis, über Jesus, seine Taten und seine Lehre zu sprechen, diese auszulegen, ihre Bedeutung herauszustellen usw. machte die Überlieferung der Fakten nötig (Lk. 1,4). In Joh. 21,25 sehen wir, daß nur eine Auswahl aus den Taten Jesu überliefert wurde: „Da ist noch viel anderes, das Jesus getan hat. Wenn aber eins nach dem anderen aufgeschrieben werden sollte, so würde, meine ich, die Welt die Bücher nicht fassen, die zu schreiben wären." Offensichtlich sind die Berichte von Jesu Taten unvollständig. Es ist ohnehin einsichtig, daß Jesus in den drei Jahren seines Wirkens mehr getan haben muß, als wir in JOH und den anderen Evangelien lesen können. An dieser Stelle muß noch die Frage zurückgestellt werden, ob und inwiefern die Auswahl der zu tradierenden Taten Jesu schon durch ihn selbst gegeben wurde. In keinem Fall darf aus der Unvollständigkeit der Berichte ihre Unzuverlässigkeit gefolgert werden. Die Frage nach den Kriterien, nach denen diese Auswahl geschah, wird in 20,30f beantwortet: Nach ihrer besonderen Eignung, Jesus als den Christus herauszustellen und Glauben an ihn zu wecken. „Noch viele andere Zeichen tat Jesus vor seinen Jüngern, die in diesem Buch nicht aufgeschrieben sind. Diese aber sind aufgeschrieben, damit ihr glaubt, daß Jesus der Christus, der Sohn Gottes ist, und damit ihr durch den Glauben das Leben habt in seinem Namen."

Nun wird auch diese Stelle vielfach so ausgelegt, die Intention des Johannes sei nicht die exakte Überlieferung der Taten und Worte Jesu gewesen, sondern er habe durch Weitergabe des in die Form von Erzählungen gefaßten Kerygmas Glauben schaffen wollen. Aber: Der Verweis auf andere hier nicht verzeichnete Taten beweist die Genauigkeit bezüglich des Berichtes vom historischen Jesus: Es soll nicht der falsche Eindruck entstehen, Jesus habe sonst nicht gewirkt. Selbst Johannes ist also bezüglich des historischen Jesus von nicht zu überbietender Exaktheit, selbst an den Punkten des historischen Wirkens Jesu, die zu überliefern er nicht als seine Aufgabe ansah.

So weit zum Anspruch auf historische Genauigkeit, wie

er aus den biblischen Texten selbst deutlich wird. Es stimmt einfach nicht, daß die Autoren an den Fakten garnicht interessiert waren, und daß es ihnen statt desen um die bildhafte Überlieferung des Kerygmas ging. Im Gegenteil: nicht der von Gott gestiftete Glaube sondern die historisch verifizierbaren Fakten seiner Selbstoffenbarung sind Gegenstand des Berichtes.

Anmerkungen

[1] so etwa Hebr. 9,11; 10,18

[2] vergl. MK 15,16-41, wo kurz und knapp nur der Ablauf des Geschehens skizziert wird

[3] siehe dazu Mk. 1,32-34; 3,7-12; 6,53-56; 1,14; 1,22.39; 2,2; 2,13; 4,2; 4,33; 10,1

[4] Die synoptischen Evangelien, auch kurz: Die Synoptiker sind die drei ersten Evangelien MT,MK,LK

[5] Schadewaldt, 201 ff.

[6] Mit parádosis wird die Überlieferung im Sinne einer festgelegten Lehre bezeichnet.

[7] Der Begriff Kanon bezeichnet den Umfang der in autoritativer Geltung stehenden urchristlichen Schriften, die dann zu einer „Heiligen Schrift", zur uns heute vorliegenden Bibel zusammengestellt wurden.

[8] Als Beispiel kann Eph. 4,8-10 gelten. Hier wird von der Höllenfahrt Jesu als Schlußfolgerung aus seiner Himmelfahrt gesprochen. Daß die Evangelien davon nicht sprechen, gehört zu ihrer Selbstbeschränkung auf die historischen Fakten. Deren Ausdeutung ist nicht ihre Aufgabe, sondern die der auslegenden Schriften, insbesondere der Epistel.

IV.

Die Bewahrung der historischen Fakten

Es fragt sich nun, wie aus der nachösterlichen Situation heraus die historischen Fakten um und über Jesus noch genau erhoben werden konnten. Wie uns die historisch-kritische Theologie durchgängig lehrt, kursierten angeblich doch nur wild wuchernde Legenden und mythische Umschreibungen seines Wirkens und seines Wesens. Wie hätten die biblischen Autoren da an zuverlässige Angaben kommen sollen? Wie die Jesustradition exakt überliefert werden konnte, wird leicht einsichtig, wenn man um die rabbinische Ausbildungs- und Lehrgeflogenheiten weiß.

Die Jünger als Rabbinenschüler

Lk. 14,26 faßt die Anforderungen an die Jünger darin zusammen, daß sie ihre Familien verlassen und ganz ihrem Rabbi, ihrem Meister zur Verfügung stehen: „Wenn jemand zu mir kommt und nicht seinen Vater, Mutter, Frau, Kinder, Brüder, Schwestern, ja sogar sein eigenes Leben an zweite Stelle setzt, der kann nicht mein Jünger sein."[1] Dadurch sind die Jünger als solche gekennzeichnet, die in die levitische Tradition eintreten. Aufgabe der Leviten ist nach 5. Mo. 33,9f das Besorgen des Kultes, das Tradieren des Wortes (Gesetz) und das Lehren des Wortes. Letzterem wird in der Ausbildung der Leviten dadurch

Rechnung getragen, daß sie nach jüdischer Ordnung erst mit dreißig Jahren in den Dienst treten durften.[2] Diese Vorbereitungszeit wäre allein zum Erlernen des Kultes nicht nötig gewesen, wohl aber zum Auswendiglernen, zum Memorieren des Gesetzes.

Die Ausbildung der Jünger als Memorieren von Jesus-Worten

Gemäß dieser levitischen Tradition pflegten selbstverständlich auch zur Zeit Jesu die Rabbiner ihre Schüler zu unterrichten. Die Jünger verließen ihre Familien und lebten mit ihrem Meister, wobei über viele Jahre ihre vordringliche Aufgabe darin bestand, dessen Worte zu memorieren und seine Handlungsweisen, die sich, gleichsam als prophetische Zeichenhandlungen, auch wiederholen konnten, einzuprägen. Aufgabe der Rabbiner war es, ihre Lehre in möglichst knappe und gut memorierbare Lehrstücke zu fassen, die sie über die Jahre hin immer wieder wortwörtlich vorerzählten, damit sie entsprechend memoriert werden konnten. Die rabbinische Grundregel ist uns in Prediger 5,1 überliefert: „Laß deine Worte wenige sein". Es gilt also, immer auf die kürzeste Weise zu unterrichten. Es war geradezu rabbinischer Ethos, Weitschweifigkeit und Schwülstigkeit zu vermeiden. Eine Tradition übrigens, die bis heute im Judentum lebendig ist. Dieser Grundregel entsprechen exakt die überlieferten Jesusworte und -reden.

Es ist also deutlich, daß die Jünger während der drei Jahre, die sie mit Jesus verbrachten, nicht tatenlos hinter ihm herliefen, sondern Tag und Nacht bemüht waren, das zu tun, was ihnen als Rabbinenschülern zu tun geboten war: sie lernten die Worte Jesu auswendig. Interessant ist in diesem Zusammenhang erneut Joh. 21,25: „Es sind auch viele andere Dinge, die Jesus getan hat; wenn sie aber eines nach dem anderen aufgeschrieben werden sollten, würde die Welt die Bücher nicht fassen die zu schreiben wären." Hier ist also von vielen Taten die Rede, die Jesus über die berichteten Taten hinaus noch tat. Bezeichnenderweise wird nicht von Reden gesprochen, die über die aufgezeichneten Reden hinaus gingen. Offensichtlich beansprucht der Autor, die Lehre Jesu vervollständigt weitergegeben zu haben. *Die Taten Jesu muß JOH ebensowenig vollständig aus den Synoptikern übernehmen, wie die dort verzeichneten Reden. Dafür gibt es ja MT und LK. JOH hat die Aufgabe, die schriftliche Fixierung der Jesus-Reden zu vervollständigen und abzuschließen.*

Angesichts dieser Ausführungen über die Bewahrung der Tradition mag insofern Skepsis aufkommen, als uns das Memorieren solch umfangreicher Stoffe praktisch schwer vorstellbar ist. Aber auch diese Probleme können geklärt werden. Wir müssen zunächst die Frage zurückstellen, ob nicht vielleicht schon sehr früh eine schriftliche Fixierung der Stoffe angenommen werden muß. Aber selbst wenn man diese Möglichkeit außer Acht läßt, lehrt uns ein Blick in die rabbinische Praxis, daß die mündliche Tradierung keineswegs schwer vorzustellen ist. Man könnte an unzähligen Beispielen ausführen, daß das Memorieren solch umfangreicher Texte in manchen Kulturen bis heute keineswegs ungewöhnlich ist.

Die rabbinische Tradition kennt zu diesem Zweck viele didaktische Hilfen: zugespitzte Formulierungen (z.B. mehrfach in Mt. 13: „Das Reich Gottes ist gleich ...", genauer: „Mit dem Reich Gottes verhält es sich wie mit ..."), Alliterationen[4], rythmische Phrasiologie, Parallelismus-Membrorum[5], eingänige einleitende Wendungen usw. Zum Zweck der besseren Memorierbarkeit sind 80% der Worte Jesu (insgesamt ca. 280 einzelne Redestücke, sogen. Logien) poetisch gefaßt.

Die entscheidende didaktische Hilfe war aber immer wieder die *Repetition*. Repetitio est mater studiorum[6]. Der rabbinische Unterricht bestand also weitgehend im wiederholten Vortragen seiner nach obigem Muster angelegten Worte, Sprüche usw. durch den Meister und im Nachsagen derselben durch den Schüler. Das geht so lange, bis die Schüler die Weisheiten auswendig können. Diese halten ihr Wissen nach Abschluß ihrer Lehrzeit oder nach dem Tod des Meisters durch ständiges Repetieren aufrecht. Der jüdische Gelehrte sitzt bis heute nicht müßig im Haus und philosophiert vor sich hin, sondern er repetiert und entfaltet seine Gedanken am fest verinnerlichten Bestand der Lehre seines Rabbi. Diese Praxis hat ihr Ideal in 5. Mo. 6,6f: „Diese Worte die ich dir heute gebiete, sollst Du zu Herzen nehmen und sollst sie Deinen Kindern einschärfen und davon reden, wenn Du in Deinem Hause sitzest oder auf dem Wege gehst, wenn Du Dich niederlegst oder aufstehst."

Das Repetieren wird erleichtert durch das Rezitieren, das Kantilieren, das rhythmische und melodische vor sich hin Singen und zwar unter Bewegung des Körpers[7]. Verwandt damit ist das laute Rezitieren zum Memorieren bereits schriftlich vorliegender Texte, wie es etwa der Kämmerer aus dem Morgenland tat (Apg. 8,30). Die ganze jüdische Volksbildung zur Zeit Jesu zielte auf wörtliche Kenntnis der Tora, zumindest aber weiter Teile von ihr.

In dieser Tradition stehend ist es also leicht nachzuvollziehen, daß die Jünger die Worte Jesu auswendig kannten. Wie diese Tradition dann von der Apostelgeneration Eingang in die schriftlich fixieren Evangelien fand, bleibt noch zu untersuchen. Zunächst muß noch genauer gezeigt werden, wie die Träger der Tradition mit dieser verfuhren.

Anmerkungen

[1] Ebenso Mt. 10,37: „Wer Vater oder Mutter mehr liebt als mich, der ist mein nicht wert; und wer Sohn oder Tochter mehr liebt als mich, der ist mein nicht wert." Vergl. dazu auch Mt.19,27ff.

[2] Diese Ordnung geht in die frühen Jahre Israels zurück, vergl. 1.Chr.23,3.

3 Dabei ist wohlgemerkt nicht das alltägliche Gespräch, die gewöhnliche Unterhaltung gemeint, sondern das rabbinische Lehrgespräch

4 Alliteration = Stabreim, gleicher Anlaut der betonten Silben der aufeinander folgenden Wörter

5 Der P.M. ist ein in der Hebräischen Sprache gebräuchliches Stilmittel. Es handelt sich um eine inhaltliche und zumeist auch rhythmische Entsprechung aufeinander folgender Versglieder. Diese poetische Figur kann auch der Leser der deutschen Bibel, besonders in den Psalmen, wiederfinden und nachvollziehen.

6 Wiederholung ist die Mutter des Lernens

7 so ist es bis heute z.B. an der Jerusalemer Klagemauer zu beobachten

V.

Der Umgang der Apostel mit der Jesustradition

Das ihnen von Jesus aufgetragene Lebenswerk der Apostel ist gemäß dem Missionsbefehl in Mt. 28.19f die Verkündigung der Worte (und Taten) Jesu: „Geht hin und macht zu Jüngern alle Völker: Taufet sie auf den Namen des Vaters und des Sohnes und des Heiligen Geistes und lehret sie halten alles, was ich euch befohlen habe . . ." Die Jünger waren als Rabbinenschüler gut darin geübt, die Tradition und ihre Auslegung auseinander zu halten. Sie wußten, daß das Lernen des Textes eine Sache war und die Arbeit daran eine andere (Analyse, Kommentar, Auslegung). Beides wußten sie deswegen nicht nur auseinander zu halten, sondern auch den Hörern gegenüber zu differenzieren. Belege dafür finden wir vielfältig in den nt-lichen Briefen:

1. Kor.7,10-12: „Den Verheirateten gebiete nicht ich, sondern der Herr: Die Frau soll sich vom Mann nicht trennen . . . Den anderen aber sage ich, nicht der Herr: Wenn ein Bruder eine ungläubige Frau hat und es gefällt ihr, bei ihm zu wohnen, so soll er sich nicht von ihr scheiden."

Im allgemeinen legt Paulus in seinen Briefen das Evangelium, die Jesustradition aus, die er selbst den Gemeinden zuvor überliefert hatte, bzw. deren Kenntnis er voraussetzen kann (so z.B. bei der Gemeinde in Rom). Zu dem hier relevanten Problem war Paulus offensichtlich ein Jesuswort bekannt, das er nicht als allgemein bekannt voraussetzen konnte. Es gehörte nicht zum abgeschlossenen, kanonischen Bestand der jesuanischen Tradition (obgleich es Jesusworte gibt, die inhaltlich das gleiche sagen, vergl. Mk. 10,11). Dieses Wort des Herrn teilt Paulus den Korinthern nun mit. Daran anschließend trifft er eine weitergehende Anordnung, bei der er sich nicht auf ein ausdrückliches Jesuswort berufen kann. Wichtig für unsere Überlegung ist nun zu beachten, daß er klar zwischen seiner Anordnung und dem Wort Jesu unterscheidet. Die Auslegung ist deswegen für die Gemeinde nicht weniger autoritativ, weil er als Apostel kraft des Heiligen Geistes im Namen Jesu spricht. Außerdem ist seine Anweisung für den speziellen Fall ja auch eine einsichtige Auslegung dessen, was Jesus zum Problemkreis Ehescheidung gesagt hatte. Umso erstaunlicher ist die klare Kennzeichnung von Aussagen als Jesustradition bzw. nicht Jesustradition. Es ist also purer Unsinn zu behaupten, in der Urkirche habe es ein wildes Durcheinander von echten und nachgebildeten Jesusworten gegeben. (Vergl. auch 7,25.)

1. Kor. 9,14: „Der Herr hat befohlen, daß sich die, die das Evangelium verkündigen, vom Evangelium nähren sollen." Paulus spielt hier auf ein Jesuswort an, möglicherweise das aus Lk. 10,7 („Ein Arbeiter ist seines Lohnes wert"), das er als bekannt voraussetzen kann. Er selbst hat ja der Gemeinde die Worte Jesu übermittelt. Auf dieser Basis formuliert er die Weisung, die er für die speziele Situation zu geben hat. Der griechische Grundtext zeigt, wie genau es Paulus mit dem Jesuswort nimmt. Er enthält sich, seine Aussage, die gegenüber diesem nur leicht abgewandelt ist, Jesus in den Mund zu legen. Nur das darf als Wort Jesu gesagt werden, was Jesus auch wirklich wörtlich gesagt hat.[1]

Diese Vorgehensweise des Apostels entspricht wiederum ganz der Praxis der jüdischen Gelehrten. Das läßt sich sogar an Jesus selbst zeigen, der ja, unbeschadet seiner Göttlichkeit und damit seiner Einzigartigkeit, als jüdischer Rabbi auftrat und in rabbinischer Weise lehrte. Oftmals sehen wir, wie er im Gespräch auf Thora-Worte anspielt und dabei beim Hörer die wörtliche Kenntnis dieser Perikope voraussetzt.

1. Kor. 15,1-8: „Ich erinnere euch aber, Brüder, an das Evangelium, das ich euch verkündigt habe, das ihr auch angenommen habt, in dem ihr auch fest steht, durch das ihr auch gerettet werdet, wenn ihr es festhaltet gemäß dem Wortlaut, in dem ich es euch verkündigt habe, . . . Denn als erstes habe ich euch überliefert, was ich auch empfangen habe: daß Christus für unsere Sünden gestorben ist, gemäß der Schrift; und daß er begraben worden ist; und daß er am dritten Tag auferstanden ist nach der Schrift; und daß er gesehen worden ist von Kephas, danach von den Zwölfen. Danach ist er gesehen worden von mehr als fünfhundert Brüdern auf einmal, von denen die meisten heute noch leben, einige aber sind entschlafen. Danach ist er gesehen worden von Jakobus, danach von allen Aposteln. Zuletzt von allen ist er auch von mir als einer unzeitigen Geburt gesehen worden."

Paulus verweist zunächst auf das ursprünglich von ihm den Korinthern verkündete Evangelium und setzt es bei ihnen als bekannt voraus. Die Grundpfeiler dieser von ihm wörtlich weitergegebenen Tradition ruft er in Erinnerung: Es sind Tod, Grablegung, Auferstehung und Erscheinung des Auferstandenen vor den Aposteln, also die Punkte, auf die die ganze Jesusverkündigung zuläuft. Dabei legt er großen Wert auf die Tatsache, daß den Korinthern das Evangelium von Jesus nicht nur dem ungefähren Sinn nach, sondern in seiner ursprünglichen Gestalt weitergegeben wurde: Paulus hat es so weitergegeben, wie er es selbst auch empfangen hat (V.3,paradídomi). So haben sie es unverändert empfangen (V.3,paralambáno)[2].

Nun liegt alles daran, daß sie das Evangelium, so wie sie

es empfangen haben, und zwar wiederum nicht so ungefähr sondern dem Wortlaut nach, festhalten (V.2, katéchein). Diese Aufforderung kann garnicht zu ernst genommen werden, schließlich hängt vom wortgetreuen Festhalten des Evangeliums nicht weniger ab als die Seligkeit des Christen. Damit ist erneut eindrücklich belegt, daß in der Urgemeinde äußerster Wert auf die wortgetreue Überlieferung der Worte und Taten Jesu gelegt wurde. Wer davon bewußt abwich, wer Hinzufügungen, Streichungen oder Veränderungen vornahm, machte sich an seiner und der Geschwister Seligkeit schuldig. Wenn diese Maßstäbe schon für das normale Gemeindeglied galten, ist klar, daß sich die Apostel umso strenger daran hielten.

Die angeführte Perikope zeigt darüber hinaus, daß es schon in frühester Zeit eine Festlegung auf den Corpus der wörtlich zu überliefernden Jesustradition gab. Wir sehen das am Fortgang der Argumentation des Apostels:

Bis einschließlich V.5 entspricht das angedeutete Traditionsgut ganz dem Umfang dessen, was in den Evangelien schriftlich fixiert ist und wofür die genannten Anforderungen der wörtlichen Kenntnis gelten. Mit V.6 beginnt der Abschnitt, in dem Ereignisse mitgeteilt werden, die über den Bestand der wörtlich festgelegten und damals zum Kern der Jesusüberlieferung gehörenden Reden und Taten Jesu hinausgehen. Dem Leser des griechischen Grundtextes fällt ein Neuansatz in der Satzkonstruktion auf, der darauf hinweist, daß mit V.6 Informationen folgen, die gegenüber dem Vorstehenden unabhängig sind[3]. Auch diese Informationen sind historisch zutreffend, gehören aber nicht zum festgelegten Stamm der Jesustradition. Für uns sind sie, als kanonisches Wort des Apostels, nicht weniger autoritativ wie die anderen Überlieferungen auch. Wir sehen hier aber das exakte historische Arbeiten der Tradenten. Es wird nicht nur unterschieden zwischen Historie und Kerygma sondern auch zwischen „kanonischer Historie" und sonstiger Historie. Letztere setzt Pau lus auch nicht als bekannt voraus, deutet sie also nicht nur an, sondern führt sie auch aus.

Wir kennen also eine schon sehr früh fest umrissene historische Jesustradition. Diese konnte wohl durch glaubwürdige Lehre ergänzt werden. Dabei blieben diese Ergänzungen aber stets als solche kenntlich. Die Ergänzungen werden später hinzugefügt, gehören aber nicht zum Bestand dessen, was die apostolische Evangelisationspredigt ausmachte.

Das Amt des Wortes

Wir sind bei der Frage, wie die Jesustradition auch nach Jesu Tod so erhalten werden konnte, daß man sie später unverändert schriftlich niederlegen konnte. Dazu ist interessant Apg.6,2+4. Wir sehen hier, daß die Apostel das Amt des Wortes haben. Dieses ist so wichtig, daß es nicht durch andere Aufgaben zurückgedrängt werden darf. Auch muß es von den Zwölfen selbst wahr genommen werden, es können nicht andere übernehmen. Dieses Wortamt vernachlässigen hieße, das Wort zurückzulassen[4]. Wir sehen also, daß die Apostel ein fest umrissenes Wort nicht zurücklassen, nicht preisgeben wollen. Sie wollen es nicht in Vergessenheit geraten lassen. Würden die Apostel das Wort Gottes zurücklassen, wäre dessen Bestand und damit auch die rechte Auslegung gefährdet. Das Amt des Wortes ist begrifflich klar unterschieden von den Ämtern der Verkündigung, also vom Amt der Evangelisation und dem Amt der Lehre. Das heißt nicht, daß die Apostel nicht gelehrt hätten. Sie haben ja alle miteinander evangelisiert. Schließlich kann eine Person mehrere Ämter haben. Das Wortamt allerdings war in der Urgemeinde auf die Apostel beschränkt.

Im wesentlichen bestand also der apostolische Dienst im Wahren des Fundamentes, der Jesustradition. Dabei ist sowohl die fest formulierte Lehre Jesu, als auch die fixierten Berichte von seinem Wirken gemeint. Nach rabbinischem Vorbild wurde die Jesustradition durch ständiges Repetieren bewahrt, weitergegeben und betend bewegt. Daraus ergab sich dann erst die Auslegung der Tradition.

Gegen diese Darlegungen steht nun aber noch eine Fülle von Theorien darüber, wie sich die Jesustradition nach und nach im Umfeld der Gemeinden gebildet haben soll. Wenn wir uns auch damit noch kurz auseinandersetzen, mag man entscheiden, ob das wilde Wachsen von Jesuslegenden und Mythologien oder die exakte Überlieferung der Jesustradition historisch wahrscheinlicher ist.

Anmerkungen

[1] Das Gleiche gilt für 1. Thess.4,15, wo Paulus auf ein Wort des Herrn verweist und dieses von seiner sinngemäßen Wiedergabe unterscheidet: „Dieses sagen wir euch nach einem Wort des Herrn . . .“

[2] das griechische paralambáno ist terminus technikus dafür, daß eine parádosis, eine feststehende Lehre, unverändert in Empfang genommen wird.

[3] V.3-5: hóti . . . hóti . . . hóti. . .; V.6-7: épeita . . . épeita . . .

[4] kataléipo = zurücklassen, sich selbst überlassen, preisgeben; es wird gebraucht bezüglich eines fest umrissenen Gegenstandes oder Personenkreises

VI.

Die Urgemeinde — Schöpferin oder Bewahrerin der Jesustradition?

Es ist eine geistesgeschichtliche Grunderfahrung, daß am Anfang einer Bewegung, einer Schule oder Lehre immer eine oder wenige Individualleistungen stehen, die dann möglicherweise eine größere Menschenmenge in ihren Bann ziehen (Hellenismus, Scholastik, Marxismus, Nationalsozialismus [als Bsp. für eine dämonisierte Genialität], ...). Ein geniales Werk ist niemals ein Kollektivprodukt. Schon insofern ist die christliche Lehre kaum als Produkt einer kreativen Gemeinde vorstellbar, die zur Beschreibung ihrer Glaubenserlebnisse stets neue Jesusworte und -berichte hervorgebracht hätte. Dem entspricht die neutestamentliche Darstellung der Urgemeinde als Bewahrerin des überlieferten Traditionsgutes und die damit zusammenhängende Fixierung auf die Apostel als die autoritativen Träger der Tradition. Die Hinweise dafür sind zahlreich:

Apg 2,42: „Sie blieben aber beständig in der Lehre der Apostel, in der Gemeinschaft, im Brotbrechen und im Gebet." Von den frühesten Anfängen der Gemeinde an konstituiert sie sich wesentlich durch die beharrliche Ausrichtung der Glaubenden und Getauften auf die Apostellehre. Der Grundtext spricht hier von einem dauernden

Bedachtsein auf, einem emsigen Festhalten (proskarteréo) an der apostolischen Überlieferung (didachä), womit eine feststehende, unveränderliche Lehre bezeichnet ist. Das bestätigt das Bild von der Urgemeinde, die von sich aus keinesfalls neue Lehren über Jesus hervorbringt, sondern an das feststehende Wort der von den Aposteln verwalteten Jesustradition gebunden ist.

Apg 8,14: „Als aber die Apostel in Jerusalem hörten, daß Samarien das Wort Gottes angenommen hatte, sandten sie zu ihnen Petrus und Johannes." Hier wird deutlich, daß die Gemeinden durch die Apostel kontrolliert und gelenkt wurden. Kaum erwacht eine neue Gemeinde zum Leben, sind sofort die Apostel present, die ja darüber wachen, daß sich die Gemeinschaft genau an die apostolische Lehre halten und darin beständig wachsen. Auch dadurch ist dem Aufkommen regionaler christlicher Sonderlehren gewehrt. Selbst wenn, entgegen dem ganzen Wesen und Fundament der christlichen Botschaft, einzelne mythische oder fabel-hafte Geschichten über Jesus erfunden worden wären, wäre deren Verbreitung umgehend mit apostolischer Autorität Einhalt geboten worden. Wo es den Aposteln, angesichts der raschen Ausbreitung des Evangeliums, unmöglich war, selbst „nach dem Rechten zu sehen", geschah diese Kontrolle durch einen Vertreter. So ist es belegt durch Apg 11,22 ff: „Es kam aber die Kunde davon (nämlich vom Entstehen einer Gemeinde in Antiochien) der Gemeinde von Jerusalem zu Ohren; und sie sandten Barnabas, daß er nach Antiochien ginge . . ."

Vielfach sind die Beispiele dafür, daß das Kollegium der Apostel engagiert und mit autoritativem Anspruch über Lehre und Leben innerhalb der Gemeinden wachte. Man lese dazu Apg. 11,1ff (Petrus muß sich in Jerusalem dafür verantworten, daß er mit Heiden Gemeinschaft hat und ihnen das Evang. verkündigt) und Galater 2,1f (Paulus muß sein Engagement in der Heidenmission auf dem Apostelkonvent verantworten). Unvorstellbar, daß sich irgendwo Lehren hätten durchsetzen können, die nicht vor den Aposteln, also vor den Sachwaltern der exakt festgelegten Jesustradition, hätten bestehen können. Die Apostel selbst unterschieden dabei, wie wir sahen, eindeutig zwischen Verkündigung und Tradierung. Bei der Fixierung auf die Apostel ist aber undenkbar, daß einfache Gemeindeglieder diese apostolische Grundregel durchbrochen und Jesusworte erfunden hätten. Selbst wo es versucht wurde, konnten solche Worte keine Akzeptanz finden, weil sie nicht durch die apostolische Verkündigung gedeckt waren. Das gleiche gilt für die Taten Jesu.

Joh. 21,25 zeigt: Die Jesustradition war so umfangreich, daß aus ihr ein kleiner Teil zur Überlieferung ausgewählt werden mußte: „Es sind auch viele andere Dinge, die Jesus getan hat. Wenn sie aber eines nach dem anderen aufgeschrieben werden sollten, würde die Welt die Bücher nicht fassen die zu schreiben wären." Angesichts dieser Problemstellung gab es keinen Anlaß, diese Fülle noch künstlich zu erweitern.

Hilfreich für die Frage, ob die Urgemeinde wirklich als Nährboden für immer neue Jesusgeschichten vorstellbar ist, ist auch Hebr. 1,1-12: Die Gemeinde sieht in Christus, in seinen Taten und Worten die entscheidende und endgültige Gottesoffenbarung. Das Reden Gottes wird ganz auf Christus zugespitzt gesehen. Er selbst wird damit zur allein normativen Offenbarungsquelle. Jesu Reden ist Vollendung allen prophetischen Redens. Das prophetische Traditionsgut wurde aber sorgfältig bewahrt und tradiert (paradídomi) und in keinem Wort verändert. Diese formale Parallelisierung zeigt, daß das Glaubensleben im Neuen Testament sich ganz am Wortlaut der direkten Jesustradition festmacht, so wie im Alten Testament am Wort der Propheten.

Außerdem ist die Art, auf die die Urkirche kreativ gewesen sein soll, höchst unwahrscheinlich. Die gängige historisch-kritische Sicht läuft darauf hinaus, daß sich das Christentum, nach einem besonderen Anstoß bestimmter glaubender Menschen durch ein in seiner Urform nicht mehr genau zu erhebendes Jesuskerygma, kontinuierlich aus Bestehendem entwickelt hätte. Unter diesem Bestehenden versteht man einerseits den Hellenismus andrerseits das Judentum.

Wenn man sich schon auf solche Argumentationen einläßt, ist zunächst zur These der Entwicklung aus dem Hellenismus folgendes zu sagen: Das Christentum ist etwas schlechthin Neues, Einmaliges. Es fordert den totalen Bruch mit aller Philosophie und Religion. Jede Art von Synkretismus ist für die Christen von Anfang an undenkbar.[1] Der Anspruch JAHWEHS und seines Sohnes auf Einzigartigkeit und Allmacht widerspricht völlig der vielgestaltigen hellenistischen Götterwelt und den fließenden Übergängen von ihr zur Menschheit, wie sie in der griechischen Gottmensch-Vorstellung[2] deutlich wird. Insofern ist eine kreative Vermischung verschiedener hellenistischer Geistesströmungen mit christlichen Elementen völlig ausgeschlossen.

Ebenso unmöglich wie ein Hervorgehen des Christentums aus dem hellenistischen Umfeld ist seine Entwicklung aus dem zeitgenössischen Judentum. Der Anspruch Jesu auf Göttlichkeit steht diesem nicht nur bezüglich der spezifischen Person Jesu, sondern grundsätzlich strikt entgegen. Der Messias wurde *nicht* als Sohn Jahwes erwartet. Gottessohnschaft gibt es zwar kollektiv (Volk Israel) und personal (besonders erwählte Persönlichkeiten, Propheten usw.) aber nicht im Sinne der Wesenseinheit wie Jesus sie beansprucht. Auch steht dem jüdischen Verständnis des Monotheismus der Trinitätsgedanke strikt entgegen.

Dazu ein Zitat von dem jüdischen Theologen Schalom Benchorin: „Der Anspruch, mit dem er (Jesus, Erläuterung des Verfassers) auftrat, ging weit über all das hinaus, was das antike Israel von dem Verheißenen erwartete …

Wir kennen keinen Sohn Gottes und erwarten ihn nicht für die Zukunft, sondern wir glauben allzumal, daß wir alle Kinder des lebendigen Gottes sind und daß er unser aller Vater und unser König ist ... Gott bleibt in jüdischer Sicht immer Gott und der Mensch bleibt immer Mensch und selbst der Messias, wenn er ihn erwartet, wird als Mensch von Fleisch und Blut gedacht, nicht als ein vom Vater wesensgleicher Sohn ... Solange ein Jude noch Atem in sich hat, wird er bekennen: „Höre, Israel, der Herr unser Gott, der Herr ist einer." Wie sollte da der Sohn mit dem Vater in diese Einheit gesetzt und gar noch durch eine dritte Person, den Heiligen Geist, komplettiert werden? Das ist abermals eine Vorstellung, die das hebräische Glaubensdenken nicht vollziehen kann und nicht vollziehen will, denn die wahre Einzighaftigkeit und Einheit Gottes, das untastbare „Echad" würde dadurch in für uns unvorstellbarem Sakrileg verletzt."[3]

Dieses Zitat macht deutlich, daß sich der christliche Sohnschaftsgedanke nicht aus einer jüdischen Kultgemeinschaft heraus entwickelt haben kann. Dieser Widerstand gegen den Jesus, der für sich die völlige Wesenseinheit mit JAHWEH beansprucht, ist auch belegt durch Joh. 7,27: „...wir wissen aber, woher dieser ist, wenn aber der Christus kommen wird, so wird niemand wissen woher er ist ...". Die jüdische Messiasdogmatik, die zur Zeit Jesu die rabbinische Theologie prägte, geht davon aus, daß der Messias unvermittelt in das Weltgeschehen eintreten und daß er mit seinem Erscheinen aus dem Nichts schlagartig alle Macht auf sich ziehen werde. Dem widerspricht aber das in den Evangelien überlieferte Christusbild vollkommen (Lukasprolog, Lk. 1,1ff!).

Schon die Verfolgung der Jerusalemer Gemeinde unter Paulus (Apg. 8,1-3) zeigt die totale Konfrontation des Christentums mit dem Judentum. Von den ersten Anfängen des Christentums an zeigt sich also die vollständige Unvereinbarkeit mit dem jüdischen Glauben. Von beiden

Seiten her ist es unmöglich, die Christen als eine Gruppe der jüdischen Gemeinde Abspaltung zu akzeptieren. Das ist umso deutlicher, als das Judentum sonst ein breites Spektrum von Glaubensrichtungen aufwies und aushielt. Demgegenüber mußte sich die christliche Gemeinde früh als eigenständige Körperschaft konstituieren und konnte ihren Platz nicht innerhalb der synagogalen Gemeinde behalten. Nicht zuletzt die vielfache Konfrontation des Paulus und der durch ihn ins Leben gerufenen Gemeinden mit den jeweiligen lokalen jüdischen Gemeinden zeigt, daß die Synagoge die Kirche keinesfalls als genuin jüdisch sondern als antijüdisch empfand. Wie kann man da behaupten, die christliche Gemeinde hätte sich kontinuierlich aus der jüdischen herausentwickelt? Nur wenn man das postuliert, kann man aber die These halten, die junge Kirche habe als kreative Größe nach und nach typisch christliche Lehren entwickelt. Das Gegenteil ist der Fall: Wie schon zu Jesu Lebzeiten prallten seine Worte und die Berichte von seinen Zeichenhandlungen, prallte also die apostolische Lehre, die die Kirche konstituierte, als feststehender Block unvermittelt auf die synagogale Lehre.

Wäre die Urkirche lehrbildend kreativ gewesen, müßte man zwingend erwarten, daß sie eine Fülle von Jesusworten zu den die frühen Gemeinden umtreibenden theologischen Problemen hervorgebracht hätte. Genau das geschah aber nicht. So fehlen völlig Jesusworte zum Problem der Beschneidung Neubekehrter, zur Mahlgemeinschaft von Heiden und Juden, zur Taufpraxis usw. Erneut wird überdeutlich, daß die Urgemeinde bezüglich der Jesustradition nicht kreativ geworden ist. Im Gegenteil: Es werden auch Dinge berichtet, die in nachösterlicher Zeit für das Gemeindeleben direkt unerheblich sind, wie z.B. das vorläufige Verbot der Heidenmission durch Jesus. Daraus sehen wir erneut: Anliegen der Evangelien ist es nicht, historisierend von der Gegenwart und ihren Problemen zu reden, sondern wahrheitsgetreu die historischen Fakten um Jesu Wirken zu übermitteln.

Wenn wir nun gesehen haben, daß nicht nur das Memorieren der Jesusworte durch die Jünger, sondern auch das Bewahren dieses Traditionsstammes in der Urgemeinde gewährleistet war, bleibt die Frage, ob es auf diese Weise zuverlässig bis zur schriftlichen Fixierung bewahrt werden konnte.

Anmerkungen

[1] siehe dazu 1.Thess.1,9 und 2.Kor.6,14-16

[2] gemeint ist die sogen. téos-anär-Vorstellung, die die griechische Mythologie durchzieht

[3] Schalom Benchorin: Jüdische Fragen um Jesus Christus, in: Juden, Christen, Deutsche. Stuttgart 31961, S. 143 ff

VII.

Vom Wort zur Schrift

Zunächst müssen wir uns von den gewaltsamen Spätdatierungen der Evangelien verabschieden. Die schriftliche Fixierung der Jesustradition möglichst weit von Ostern wegzurücken, hat ja nur den Sinn, den für die Bildung von Legenden und Mythen notwendigen Zeitraum zu schaffen. Wie wir sahen, gehen aber alle diese Thesen an der Realität der jüdischen Tradierungspraxis vorbei. Überhaupt erweist sich das ganze Denkmodell als unbrauchbar, wonach die schriftliche Fixierung am Ende der mündlichen Traditionskette steht, um diese abzulösen.

Bis heute können wir im orientalischen Kulturkreis beobachten, wie mündliche und schriftliche Bewahrung der gleichen Traditionen bewußt nebeneinander stehen. Jeder islamische Jurist etwa hat den schriftlich ausformulierten Koran nebst sämtlichen Kommentaren vor sich. Das entbindet ihn aber nicht von der Pflicht, den Koran so weit als möglich auswendig zu können. Die schriftliche Fixierung dient nicht nur der „Konservierung" der Tradition, sondern ist Rückhalt und Hilfe zum Memorieren, also zur mündlichen Tradierung. Diesem Verfahren entspricht die Art und Weise, in der im Altertum Gesetze von einem Richter zum jüngeren weitergegeben wurden. Das war keine Notlösung, weil eine schriftliche Fixierung unmöglich gewesen wäre, sondern es war Mittel um zu gewährleisten, daß jeder Richter die Gesetze tatsächlich auswendig kannte. Das, was wirklich Wort für Wort auswendig gelernt ist, wird nicht durch ungenaue Wiedergabe in der Auslegung verändert. Es ging also dabei nicht um eine ungefähre Kenntnis nach dem Motto „wenn ich es genau wissen will kann ich es ja nachlesen". Die wörtliche Kenntnis galt als unabdingbar für die sachgemäße Auslegung.[1]

Einen weiteren Beweis für die Parallelität von mündlicher und schriftlicher Tradierung liefert uns der Bericht in Jer.36. Die gesammelten Werke Jeremias lagen schriftlich vor. Nach deren Vernichtung durch König Jojakim aber kann der Prophet das ganze Buch ohne weiteres neu diktieren, da er es selbstverständlich auswendig parat hat. Dieser Usus hat sich vielfach segensreich für den Erhalt der biblischen Berichte ausgewirkt. „Man muß sich immer daran erinnern, daß unzählige Bücher während der zehn großen Verfolgungen von Nero bis Galerius verbrannt wurden und auch ausserdem sehr viel christliche Literatur verlorengegangen ist. Trotz alledem wurden die in diesen Schriften enthaltenen Berichte mündlich weitergegeben."[2]

Umgekehrt hinderte die wörtliche Kenntnis der mündlichen Tradition nie daran, auch das zeigen die angeführten Beispiele, diese schriftlich niederzulegen. Es gehört zum Verständnis der Parallelität von mündlicher und schriftlicher Tradition zu wissen, daß es, sowohl in der hellenistischen als auch in der jüdischen Umwelt, durchaus üblich war, private Notizen zu den memorierten Inhalten zu machen[3]. Diesem Verfahren entsprechend müssen wir annehmen, daß die schriftliche Fixierung der Jesustradition parallel lief zur mündlichen Tradierung. Wahrscheinlich setzte sie bereits zu Jesu Lebzeiten ein. Dadurch wird auch die Prioritätenfrage in ein ganz neues Licht gestellt. Wir kommen weg von dem alten, linearen Schema: Wer hat von wem was abgeschrieben?

Anmerkungen

[1] Im heutigen Sprachgebrauch weist der englische Ausdruck für das Auswendiglernen auf den Zusammenhang zwischen wörtlicher Kenntnis und Verinnerlichung: to learn by heart — mit dem Herzen lernen.

[2] Lamsa S.54

[3] so nachgewiesen in der Schule Rabbi Hillels zur Zeit Jesu und bei den Vorlesungsnotizen hellenistischer Philosophenschüler.

VIII.

Der historische Ort der kanonischen Evangelien

Nach allem was wir über das Bemühen der Urgemeinde wissen, die Tradition von Jesus wortgetreu zu bewahren, müssen wir eine erste geschlossene Niederschrift des Evangeliums bald nach Himmelfahrt ansetzen. Damit erübrigen sich auch die müßigen Fragen, ob man denn zur Zeit der Abfassung der Evangelien noch zuverlässige Berichte über Jesu *Wirken* erhalten konnte. Abgesehen davon, daß wahrscheinlich schon während des Wirkens Jesu fest formulierte Berichte seiner prophetischen Zeichenhandlungen geschaffen wurden, können solch einschneidende Erlebnisse von jedermann über einige Jahre problemlos behalten werden. Darum war hier mehr von der Überlieferung der Worte Jesu (lógien) die Rede, da nur sie überhaupt theoretisch Schwierigkeiten bei der Überlieferung mit sich bringen könnten.

Matthäus

Die Sprache und die Eigenarten des MT weisen darauf hin, daß es dem Umfeld der Jerusalemer Urgemeinde entstammt. Es ist ursprünglich wahrscheinlich in Aramäisch[1], sonst in Hebräisch aufgeschrieben worden.[2] MT ist in seiner Darstellung Jesu als des wahren Königs Israels stärker als die anderen Synoptiker am Alten Testament orientiert. Es sind viele Worte Jesu nur im MT aufgenommen, die für die spezielle Situation der judenchristlichen Gemeinde wichtig waren. Dazu zählen die Anweisungen Jesu zum Bezahlen der Tempelsteuer (17,24ff) und zum Umgang mit einer jüdischen Schwurformel (23,16ff), sowie seine Worte über das alttestamentliche Gesetz (5,17ff) und die Schriftgelehrten (13,52; 23,34).

Daher können wir davon ausgehen, daß das MT die erste schriftliche Fixierung der Jesustradition darstellt. Jerusalem war der Sitz der Apostel und damit der Hort der rechten apostolischen Lehre. Dort war die erste christliche Gemeinde. Schon von daher ist es logisch, daß in Jerusalem die erste Evangelienniederschrift stattfand.[3]

Wenn wir nun von einer frühen Fixierung des ersten Evangeliums ausgehen, gewinnt auch die traditionelle Zuweisung des ersten Evangeliums an den Jünger Matthäus wieder Gewicht.[4] Unter den vermutlich zumeist wenig gebildeten Jüngern war der ehemalige Zöllner Levi[5] geradezu dafür prädestiniert, Jesu Worte und Taten bereits zu Lebzeiten aufzuzeichnen und bald nach Himmelfahrt eine geschlossene schriftliche Darstellung anzufertigen. „Es steht über allem Zweifel, daß einer der Apostel den Hauptteil des Stoffes zusammentrug und niederschrieb, der die Basis für alle vier Evangelien lieferte, und daß Matthäus dies getan hat . . . Als man später die Schriftrollen zusammenfügte, wurde das Matthäus-Evangelium an die Spitze der vier Berichte gesetzt, denn es war das zuerst geschriebene Dokument. Die ältesten Christen werden doch wohl gewußt haben, welches die erste Urkunde und wer ihr Autor war!"[6]

Markus

Wir erinnern uns: das verinnerlichte Evangelium kann durch die umfassendere schriftliche Fassung nicht ersetzt werden. Man brauchte eine leicht memorierbare Kurzfassung zum Auswendiglernen. Es fällt auf, daß die schriftlich fixierte MK-Fassung leicht als Vorlage zum Auswendiglernen zu denken ist. Sie entspricht ganz den entsprechenden Anforderungen. MK ist so knapp gefaßt, daß es an einem Abend vorgetragen werden kann.[7] Der Aufriß ist einfach: Galiläer -» Weg nach Jerusalem -» Jerusalem. Es gibt keine Verkomplizierungen durch genaue Ortsangaben usw. Das MK ist dann nicht viel später als das MT, als Lernfassung der Jesustradition angefertigt worden.

Dazu paßt wiederum die altkirchliche Zuweisung dieser Schrift zu Markus, der als Glied der Urgemeinde in Jerusalem ansässig war (vergl. Apg. 12,12). Dort erhielt er wohl den Zunahmen Johannes: JAHWEH ist gnädig. Markus war levitischer Herkunft[8] und darum fest in der rabbinischen Tradition verwurzelt. Nach der altkirchlichen Überlieferung war Markus der dem Hohenpriester bekannte Jünger (Joh. 18,16). „In diesem Fall hatte er die Rabbinerschule besucht, die unter der Leitung des Hohenpriesters stand, und war ein des Lesens und Schreibens kundiger Mann."[9] So brachte er die besten Voraussetzungen mit, nach allen Regeln der Kunst ein Kompendium des Wirkens Jesu zu erstellen. Markus begleitet später Paulus auf seiner ersten Missionsreise (Apg. 13,1-13).[10] Seine besondere Prägung hat er allerdings durch den Apostel Petrus erhalten, der ihn bereits kurz nach Himmelfahrt zum Glauben geführt hat.[11] In seinem Auftrag und unter seiner Autorität fertigte er die Evangelienniederschrift an. „Die Überlieferung bezeichnet ihn als Verfasser des zweiten Evangeliums. Laut Irenäus schrieb er sein Evangelium, nachdem das des Matthäus bekannt geworden war, und nach dem Tode des Petrus. Origenes behauptet, es sei vor den Evangelien des Lukas und des Johannes entstanden (Eusebius: Hist. Eccl. 6,25,5)."[12]

Petrus war der erste der Apostel, dem das Anliegen der Mission auch unter Nichtjuden auf das Herz gelegt war.[13]

Das spiegelt sich im MK wieder, in dem auf auch für Heiden verständliche Weise das Wirken des wahrhaften Gottesknechtes dargestellt wird. Den Blick des Petrus für die Heidenmission zu teilen mußte ihm umso leichter fallen, als sein Vater wahrscheinlich nichtjüdischer Herkunft war (Apg. 4,36). So ist das MK für Juden und Heiden gleichermaßen das Evanelium, in dem am deutlichsten und umfangreichsten die Taten Jesu zum Ausdruck kommen. Möglicherweise war das MK also das eigentliche Missionsevangelium, das von den Aposteln bei ihren Missionspredigten in Synagogen und anderswo, gleichsam als Einführung in das Christentum, vorgetragen wurde.

Lukas

Das LK ist aller Wahrscheinlichkeit nach im hellenistischen Raum niedergeschrieben worden. Als Ergänzung zum in Jerusalem bereits vorliegenden MT und MK wurde es durch die rasche Ausbreitung des Evangeliums schon sehr früh notwendig. Im nichtisraelitischen Umfeld des römischen Weltreiches waren die Anforderungen an eine schriftliche Fixierung etwas anders als in den judenchristlichen Gemeinden. Man konnte die Kenntnis der Vorgeschichte Jesu nicht so voraussetzen, wie es in Jerusalem der Fall war. Deswegen mußte LK die Dinge nochmal „von Anfang an" (Lk. 1,3) aufrollen, nachdem seiner Zielgruppe das Evangelium, wahrscheinlich mit den Worten des MK, verkündigt worden war. LK mußte zum Gebrauch in den hellenistischen Missionsgemeinden auch für solche Leute verständlich sein, die neu zur Gemeinde dazustießen. Dabei ist davon auszugehen, daß den betreffenden hellenistischen Gemeinden sehr wohl das MT vorlag, und daß die „Insider" auch MK auswendig kannten. Letzteres war wohl zur Mission im hellenistischen Umfeld, nicht aber zur tieferen Unterweisung der Bekehrten ausreichend. Das MT dagegen entsprach nicht den speziellen Anforderungen der außerisraelitischen Gemeinden. Als Evangelium für die Heidenchristen stellt das LK ausführlicher als MT und MK Jesu Wirken auch unter den Heiden und den halbheidnischen Samaritern dar.

Diese Charakteristik des LK deckt sich mit der Prägung und dem Anliegen seines Verfassers. Es handelt sich um Lukas, den langjährigen Begleiter des Apostels Paulus (vergl. Kol. 4,14, Philem. 23f).[14] Dieser hat, im Auftrag und in der Autorität seines Rabbiners Paulus, dessen Evangelienniederschrift für die Heiden angefertigt. Das besondere Interesse des Paulus an den Quellentexten, die er für das Erstellen einer Evangelienniederschrift benötigte, wird auch darin deutlich, daß er Timotheus aufforderte, ihm seine in Troas hinterlegten Pergamente mitzubringen (2. Tim. 4,13). In jedem Fall ist Lukas als Verfasser des LK durch die Kirchernväter[15] und den Kanon Muratori[16] einhellig bezeugt.

Weil der Bericht der Apostelgeschichte als zweiter Teil dieses „Lukanischen Doppelwerks" mit der römischen Gefangenschaft des Paulus abbricht, müssen wir davon ausgehen, daß beide Teile in der uns vorliegenden Form spätestens Mitte der sechziger Jahre abgeschlossen waren.[17] Naheliegend ist also der Gedanke, daß auch das LK in den Jahren in Rom angefertigt wurde, da Paulus und Lukas dort ausreichend Zeit für dieses Vorhaben hatten. Ebensogut kann es aber schon in den fünfziger oder frühen sechziger Jahren geschrieben sein.

Von diesen Darlegungen ausgehend, erklären sich sowohl Übereinstimmungen als auch Abweichungen zwischen MT und MK sehr gut. Ebenso leicht verständlich ist es, daß es Differenzen zwischen der griechischen Übersetzung des ursprünglich aramäisch verfassten MT und dem griechisch geschriebenen LK gab. Mit Blick auf alle drei behandelten Evangelien ist zu bedenken, daß jeder Evangelist im Aufbau seiner Schrift große Freiheit hatte. Gemäß der rabbinischen Lehrweise Jesu hat er sämtliche seiner

Lehrreden immer wieder und also auch an vielen verschiedenen Orten gehalten. Ebenso haben sich einige seiner Zeichenhandlungen mehrfach wiederholt. So war es dem jeweiligen Autor überlassen, die Reden und Berichte an den Stellen seines Berichtes einzufügen, an denen es dem Aufbau der Schrift und ihrer inneren Stringenz förderlich war. Es ist also ein künstliches Problem, wenn die Einordnung bestimmter Passagen des Wirkens Jesu in verschiedene Wirkungsphasen zum Anlaß genommen wird, an der Zuverlässigkeit zu zweifeln.

Johannes

Unter Berücksichtigung dessen kommt auch das JOH aus seiner unverdienten Isolierung gegenüber den synoptischen Evangelien heraus, in die es geraten ist, weil sich sein Bericht vom Wirken Jesu deutlich von den anderen unterscheidet. Das JOH beansprucht gerade nicht, eine vollständige Darlegung des Lebens und Wirkens Jesu zu sein. Im Gegenteil: Dem Verfasser des JOH geht es darum, eine Komplettierung der Jesus*worte* zu liefern. Die Synoptiker lagen bereits vor, so daß hier eine komplette Neufassung der Jesustradition weder nötig noch angestrebt war. JOH war also von vornherein nur als Ergänzung für die bereits bestehenden Evangelien konzipiert. So ist bereits dem Prolog des JOH (1,1-14) zu entnehmen, daß hier die Wortverkündigung Jesu im Mittelpunkt stehen soll. Die sichtbaren Erweise seiner Herrlichkeit, also die eingefügten Tatberichte, sind daher dem Verständnis der Jesusworte dienstbar gemacht.[18]

Dessen ungeachtet ist das JOH in den Ereignissen, von denen es berichtet von unzweifelhafter Genauigkeit, was beispielhaft an den genauen Angaben der jeweiligen Handlungsorte deutlich wird.[19] Das JOH schildert mehrere Aufenthalte Jesu in Jerusalem, womit es in der Darstellung der historischen Fakten im einzelnen über die Synoptiker noch hinausgeht, ohne daß diese demgegenüber ungenau wären. Viele Details, die aus dem Zusammenleben mit den Jüngern berichtet sind, zeigen das starke Interesse des JOH an der exakten Wiedergabe dessen, was Jesus im einzelnen tat und sagte.[20]

Das JOH stellt in besonderer Deutlichkeit den Menschensohn Jesus als den Christus, den Messias Israels dar (vergl. 20,31) und ist darin, ähnlich wie das MT, stark am Alten Testament orientiert[21]: Der Sohn Gottes, der nicht geschaffen ist sondern vor aller Zeit bereits mit dem Vater war (1,1ff[22]; 8,58), „wurde Fleisch und wohnte unter uns" (1,14), um dann den Glaubenden in die Herrlichkeit voranzugehen (14,1ff). Diese heilsgeschichtlich ausgerichtete Darstellung des Wirkens Jesu macht das JOH in besonderer Weise geeignet, Jesus den Juden nahezubringen. Diese können sich umso herzlicher in die Nachfolge eingeladen fühlen, als sie im JOH mehrfach davon lesen, wie rabbinisch gebildete Juden wie Nathanael (1,45ff) und Nikodemus (3,1ff mit 7,50ff) zum Glauben an Jesus als den Messias Israels gelangen. Den jüdischen Lesern wird Jesus als der Davidssohn vor Augen gestellt, der als Jude mit und in den jüdischen Gebräuchen lebte[23], und der sich bestens im (auch kontroversen) Disput um das rechte Verständnis vom Messias zu behaupten wußte.[24] Dieser Ausrichtung entspricht die Sprache des Evangelisten, die sehr an das Gespräch Jesu im internen Jüngerkreis angelehnt ist[25], während die Synoptiker eher die Redeweise aufnehmen, die Jesus in der Verkündigung gegenüber Außenstehenden pflegte.

Das JOH als der Bericht vom Wirken Jesu, der dem Leser den intensivsten Einblick in seine unmittelbare Nähe, ja, in sein Herz gewährt[26], ist von einem unmittelbaren Augenzeugen, einem Mitstreiter Jesu geschrieben worden. Am Schluß des JOH benennt sich der Verfasser selbst als einer der Jünger Jesu: „Dies ist der Jünger, der ... dies geschrieben hat". Dieser Jünger war der sogen. Lieblingsjünger Jesu, nämlich Johannes, der Sohn des Zebbedäus.[27] Die gesamte alte Kirche spricht auch hier mit einer Stimme. Bischof Papias von Hierapolis (Kleinasien), Kirchenvater Irenäus und Clemens von Alexandrien bezeugen den Jünger Johannes ebenso einhellig als Verfasser des JOH wie der Kanon Muratori.

Da Johannes offensichtlich aus einigem zeitlichen Abstand zum Erdenwirken Jesu schreibt[28] ist anzunehmen, daß er seine Niederschrift im fortgeschrittenem Alter, also wahrscheinlich in den siebziger oder achtziger Jahren n.Chr. anfertigte. Somit ist das JOH das späteste der kanonischen Evangelien. Der Überlieferung nach hielt sich Johannes in dieser Zeit in Ephesus in Kleinasien auf.

Anmerkungen

1 Aramäisch war die Umgangssprache in Juda zur Zeit Jesu.

2 So bezeugen es ausdrücklich auch der kleinasiatische Bischof Papias (um 125 n.Chr.) und der Bischof Irenäus von Lyon (um 180 n.Chr.).

3 Auch das bezeugt die alte Kirche einhellig (Papias, Irenäus, Clemens von Alexandria, Origenes u.a.m.)

4 Die Verfasserschaft des Jüngers Matthäus wird durch die alte Kirche mehrfach bestätigt (Papias)

5 Mt.10,3 wird Matthäus ausdrücklich als „der Zöllner" bezeichnet. Er bekam dann von Jesus seinen neuen Namen, der übersetzt „Gabe Gottes" bedeutet.

6 Lamsa S.53f

7 Bei Bedarf ist die Aufteilung auf zwei Blöcke möglich, wobei der Einschnitt bei 8,26 liegen könnte.

8 Sein Vetter Barnabas wird in Apg. 4,36 in Verbindung mit Kol.4,10 als Levit bezeichnet.

9 Lamsa S. 216

10 An dessen Seite finden wir ihn öfter wieder (Kol. 4,10; Philem. 24; 2. Tim. 4,11).

11 Petrus nennt Markus seinen Sohn (1. Petr. 5,13), womit eine geistliche Vaterschaft bezeichnet ist.

12 Lamsa S.217

13 siehe dazu besonders Apg. 10,9 und 11,1ff

14 Wahrscheinlich ist auch mit dem in Rö. 16,21 angeführten Lukius Lukas bezeichnet. Kirchenvater Origenes bezeugt diese Annahme.

15 Irenäus, Clemens von Alexandria und Tertullian

16 Der Kanon Muratori war ein um 180 n.Chr. in Rom vorliegendes Verzeichnis der als kanonisch geltenden Schriften.

[17] Paulus wurde etwa im Jahr 66 unter Nero hingerichtet.

[18] vergl. dazu bes. Joh. 1,14ff

[19] vergl. 1,28; 2,1; 3,23; 4,5f; 4,20; 5,2f u.a.

[20] vergl. 1,37ff; 2,1; 7,3ff; 13,23; 19,26.35; 20,2ff; 21,20ff.24f

[21] vergl. 1,23.45.49; 5,39.46f; 6,14; 7,38; 10,34f; 12,14f.38ff; 13,18; 15,25; 19,24.36f)

[22] Unübersehbar ist der Anfang des JOH in Parallele zum Schöpfungsbericht formuliert (1. Mo. 1,1ff). Damit wird angedeutet, daß mit Jesus die Neuschöpfung beginnt.

[23] vergl. 2,6; 7,37f; 8,20; 11,55

[24] lies dazu besonders Kap. 6-8

[25] vergl. dazu die Jesusworte in 11,25ff

[26] Siehe dazu bes. die Abschiedsreden, gipfelnd in dem hohenpriesterlichen Gebet (Kap. 17)

[27] siehe dazu 21,24 im Zshg. mit 21,2; 1,35ff; 13,23; 19,26; 20,2; 21,20

[28] lies dazu 2,22 und 21,23

IX.

Fazit

Es ist deutlich geworden, daß es aus Sicht des unvoreinge-
nommenen Forschers keinen Anlaß gibt, an der historischen Authentizität der uns überlieferten Evangelientradition zu zweifeln. Es bleibt natürlich das Ärgernis, daß der
aufgeklärte und auf sein autonomes Denken stolze
Mensch unausweichlich Anstoß an den Inhalten der Jesustradition nimmt. Es bleibt das Ärgernis, daß sich diese
Texte den Kategorien von Analogie und Korrelation nicht
beugen.[1] An dieser Stelle ist aber vom Theologen zu
erwarten, daß er diese Dinge auseinander hält und der Versuchung widersteht, seine Ablehnung der uns überkom-
menen Jesustradition durch angeblich historische Argumentationen zu rechtfertigen. Schon zur Zeit Jesu lag es ja
nicht an der unzureichenden Quellenlage, sondern am
Inhalt des Wirkens und Redens Jesu, wenn dieses vielfach
auf Ablehnung stieß.

Was ist das Anliegen der Evangelien, das Schaffen von
Glauben oder die Vermittlung von historischen Ereignissen? Die Antwort muß lauten: selbstverständlich wollen
die Evangelien Glauben wecken. Die von der Sache Jesu
leidenschaftlich erfüllten Apostel hätten ihre Zeit nicht
damit verschwendet, ein historisches Buch zu schreiben,
wie es jeder andere Historiker auch hätte schreiben können. Es ist aber die Botschaft der Fleischwerdung Gottes,

der sich in Zeit und Raum genau so offenbart hat, wie es uns überliefert ist. Gerade die existenzielle Betroffenheit durch die Offenbarung Gottes im Fleisch, machte es den Jüngern unmöglich, diese in irgend einer Weise zu verändern. Gerade um der Botschaft von dem Gott willen, der sich selbst für die Menschen dahin gab, wurde der Bericht von seiner Selbstoffenbarung im Fleisch, in Zeit und Raum, mit akribischer Sorgfalt weitergegeben.

Anmerkungen

[1] Diese Begriffe gehen auf den Philosophen und Theologen Ernst Troeltsch zurück und sind bis heute ungebrochen die Grundlagen der kritischen Theologie. Sie besagen, daß nur solche Berichte als historisch glaubwürdig gelten können, die ein Geschehen beschreiben, für das jederzeit und für jederman gleichartige Ereignisse beobachtbar sind, bzw. deren auslösende Wirkursache jederman mit natürlichen Mitteln einsichtig zu machen ist.

Literaturverzeichnis

Sch. Benchorin: Jüdische Fragen um Jesus Christus; in: Juden, Christen, Deutsche. Stuttgart[3] 1961

H. Burkhardt: Wie geschichtlich sind die Evangelien? Gießen 1979

B. Gerhardson: Die Anfänge der Evangelientradition. Wuppertal 1977

G.M. Lamsa: Die Evangelien in Aramäischer Sicht. Gossau — St. Gallen 1963

R. Riesner: Jesus als Lehrer. Tübingen 1984

J.A.T. Robinson: Wann entstand das Neue Testament? Paderborn/Wuppertal 1986

J. Roloff: Das Kerygma und der irdische Jesus, 1970.

W. Schadewald: Die Zuverlässigkeit der synoptischen Tradition;
in: Theologische Beiträge 5/1982

H. Staudinger: Die historische Glaubwürdigkeit der Evangelien. Gladbeck/Stuttgart 1969

C.F.v. Weizsäcker: Die Tragweite der Wissenschaft. Stuttgart 5/1976

Von Rudolf Westerheide ist bereits erschienen:

Geisterfüllung und Geistesgaben
TELOS-Taschenbuch Nr. 596
kartoniert, 60 Seiten

Viele Christen sehnen sich angesichts der wachsenden Gottesentfremdung zahlloser Menschen nach mehr geistlichem Leben, nach einem neuen erwecklichen Aufbruch in unserem Volk. Überall entstehen charismatische Gemeinden und Kreise.

Hier bietet das Buch von Rudolf Westerheide Wegweisung. Im gehorsamen Hören auf die Aussagen der Bibel und in der Auseinandersetzung mit einer schwarmgeistigen Überhöhung des Evangeliums setzt es klare Maßstäbe.

FRANCKE
Verlag der Francke-Buchhandlung GmbH

Zur Beschäftigung mit dem Neuen Testament
empfehlen wir:

H. Wayne House
**Chronologische Tabellen
und Hintergrundinformationen
zum Neuen Testament**
TELOS Nr. 2141
Paperback, 148 Seiten

Bei der Beschäftigung mit dem Neuen Testament er-
kennt man bald, welch gewaltige Fülle an Daten darin
enthalten sind.

Oft fällt es einem schwer, zu erkennen, wie die verschiedenen Faktoren, die im Neuen Testament ange-
führt werden, zueinander in Beziehung stehen. Oder
andere interessante Fragen mögen auftauchen: Wie
viele Wunder gibt es und welche Evangelisten berichten davon? Wann war Paulus in Korinth? Welche
Briefe schrieb Paulus auf seiner zweiten Missionsreise?
Wer waren die führenden Staatsmänner im Römischen
Reich zur Zeit des Dienstes Jesu? Und viele Fragen
mehr.

Das vorliegende Buch will ein nützliches Werkzeug auf
der Suche nach Antworten auf obengenannte Fragen
sein sowie zahllose andere Fakten erhellen.

FRANCKE
Verlag der Francke-Buchhandlung GmbH